J B Dubois

RIQUET A LA HOUPE.

Opera-Pantomime-Féerie en trois actes.

Paroles de : *** Musique de FOIGNET fils.
Mise en scène par EUGÈNE-HUS.

Représenté pour la première fois sur le théâtre des Jeunes Artistes, le 22 Frimaire an XI.

A PARIS,

Chez J. F. GIRARD, imprimeur-libraire, quai de la Vallée, n°. 70, et chez tous les Marchands de Nouveautés.

AN XI. — 1802.

Les Exemplaires ont été fournis à la Bibliothèque nationale.

PERSONNAGES.

RIQUET, prince,		M. *Monrose.*
FELISMA, Reine,		Mes. *Lainé.*
AZELINE, fille de Félisma,		*Amélie.*
DELPHINA, Fée,		*Fabre.*
PALAMEDE,	Chevaliers,	Mrs. *Thénard.*
BREHUS,		*Lefebvre aîné.*
DANAIN,		*Lefebvre jeune.*
DALINVAL,		*Gontier.*
UN CHEF des troupes de Riquet,		*Douvry.*

SOLDATS de Riquet,
SOLDATS de la Reine,
FEMMES à la suite de la Reine.

Le Théâtre représente un beau jardin, fermé par une grille dans le fond de la scène.

RIQUET A LA HOUPE.

ACTE PREMIER.

SCÈNE Iere.

Des femmes élégamment vêtues sont rangées à droite et à gauche. Quatre Chevaliers paraissent à la grille.

UNE FEMME.

ENTREZ tous Chevaliers, de la belle Azeline
Vous venez demander la main ;
Si c'est à l'un de vous que l'amour la destine,
Je vous prédis le plus heureux hymen.

CHŒUR.

Cet époux trouvera dans sa chaste compagne,
Vertus, candeur, simplicité,
Dons charmans qu'accompagne
Celui de la beauté.

Vous pouvez, Chevaliers, de la belle Azeline
Sans crainte demander la main ;
Si c'est à l'un de vous que l'amour la destine,
Je vous prédis le plus heureux hymen.

PALAMEDE.

Jeunes filles, nous sommes sensibles à votre aimable réception ; nous n'attendions pas moins des fidèles compagnes de la Reine, et des amies d'Azeline.

BREHUS.

Veuillez dire à Felisma que les quatre Chevaliers qu'elle doit aujourd'hui présenter à sa fille, sont arrivés dans son palais.

DALINVAL.

Portez-lui nos premiers hommages et les vœux que nous faisons pour l'adorer ainsi que sa céleste enfant.

DANAIN.

Dites-lui bien que nous brûlons, que nous nous consumons en les attendant.

CHOEUR DE FEMMES.

Vers Felisma, vers leur amante,
Retournons toutes promptement.
Aux chevaliers. Vous les verrez à votre attente
Répondre avec empressement.

(*Elles sortent.*)

SCENE II.

PALAMEDE, DANAIN, BREHUS, DALINVAL.

DANAIN.

Elles sont jolies toutes ces petites femmes là.... J'aimerais mieux la cour d'une Reine que celle d'un Roi.

PALAMEDE.

Avez-vous remarqué comme elles se sont empressées de vanter leurs maîtresses ?

BREHUS.

Elles répétaient leurs leçons.

DANAIN.

Mais, Chevaliers, savez-vous que notre rencontre, tous les quatre, à la porte de ce château, est assez singulière ?

PALAMEDE.

Ce qui ne l'est pas moins, c'est que nous nous sachions rivaux sans en paraître plus ennemis.... Nous ne nous regardons seulement pas avec dédain, avec fierté. Nous ne nous provoquons pas en duel, nous ne nous passons pas notre épée au travers du corps ; vous conviendrez que notre amour est plus que raisonnable, et que nous sommes des rivaux très-pacifiques.

BREHUS.

Chevalier, je suis prêt à vous tuer si vous le desirez.

DANAIN.

Moi je suis très-jaloux, mais je ne me fâche pas dans cette circonstance, parce que je ne connais point la petite Azeline.

PALAMEDE.

Ni moi.

DANAIN.

Je ne l'ai jamais vue, mais je l'épouse à cause de son rang et de sa fortune.

BREHUS à Danain.

Mes sentimens sont aussi purs que les votres, Chevalier. Le jeune Dalinval paraît plus rêveur, plus amoureux que nous.

DALINVAL.

J'ai mes raisons, Chevaliers!

TOUS LES TROIS.

Lesquelles?

DALINVAL.

Je connais Azeline.

PALAMEDE.

En vérité?

DALINVAL.

Je l'ai vue.

BREHUS.

Se peut-il?

DALINVAL.

J'aurai la préférence.

DANAIN.

Comment?

DALINVAL.

J'ai reçu un gage....

TOUS LES TROIS.

D'elle.

DALINVAL.

Non, de sa mère; gage précieux qui me promet le bonheur.

PALAMEDE.

Quel est ce gage?

DALINVAL mystérieusement.

J'ai reçu le portrait d'Azeline.

TOUS.

Ah, ah, ah, ah !

DALINVAL.

Vous riez ! Ce gage....

PALAMEDE *tirant un portrait.*

Je l'ai reçu aussi.

DALINVAL.

Quoi ?....

BREHUS *tirant un portrait.*

Je l'ai reçu aussi.

DALINVAL.

Mais....

DANAIN *tirant un portrait.*

Voici le quatrième exemplaire.

DALINVAL.

Grands Dieux !

PALAMEDE *l'imitant.*

Ciel !

BREHUS *de même.*

Ah !

DANAIN *de même.*

J'expire....

PALAMEDE.

Dalinval, félicite toi donc de ta préférence.

DALINVAL.

Je ne puis concevoir....

PALAMEDE.

Ne sais-tu pas que c'est un usage à la Cour ? Quand il y a une princesse à marier, on la fait circuler en portrait dans tous les Etats de la terre, avec le signalement de ses charmes, le détail de ses qualités....

BREHUS.

Et de ses défauts.

DANAIN.

Une fille à marier n'en a jamais.

PALAMEDE.

Chaque prince enthousiasmé à la vue d'une miniature charmante, électrisé par le rapport officiel des vertus de l'aspirante, accourt d'un bout de l'Univers pour épouser cet objet miraculeux ; mais arrivé près d'elle, hélas ! Qu'elle différence ! Elle paraît petite à celui qui la croyait grande, blonde à celui qui la supposait brune, contrefaite à celui qui la desirait svelte, sotte à celui qui ne demandait en elle que de l'esprit; enfin, ridicule à celui qui la regardait d'avance comme un modèle de graces et de tournure. Chacun alors remet son portrait dans sa poche, remonte en voiture, retourne chez soi, et la pauvre enfant citée, vantée, prônée, admirée en perspective, à trouvé mille adorateurs sur son portrait, et pas un pour le modèle. Voilà mon cher, comme on en agit à la Cour; et les malheureuses princesses, pour avoir eu un trop bon peintre, ne peuvent pas trouver un bon mari.

D A L I N V A L.

Ici, Chevaliers, le cas est différent. La beauté d'Azeline est réelle, et même le peintre n'a pu, malgré toutes les ressources de l'art, atteindre à la perfection de la nature.

B R E H U S.

Ce qui me plaît dans cette miniature, c'est l'esprit qui anime tous les traits.

D A N A I N.

Cette bouche ne doit s'ouvrir que pour dire des choses aimables.

D A L I N V A L.

Que ce regard est expressif et malin !

P A L A M E D E *en riant.*

Comme ce front est ingénieux !

D A N A I N.

De bonne foi, Messieurs, croyez-vous l'emporter sur moi ?

B R E H U S.

Nous verrons.

D A L I N V A L.

Je l'emporterai sur tout le monde.

P A L A M E D E.

Tenez, mes amis, nous sommes tous les quatre charmans, pleins d'esprit, de grâces et de noblesse, je n'ai peur que d'une chose.

LES AUTRES.

C'est....

PALAMEDE.

Qu'Azeline soit embarrassée pour trouver le plus aimable !.... Mais voici Felisma, la mère de notre future épouse. De la dignité et des airs de mari.

SCÈNE III.

LES MÊMES, FELISMA.

On entend une musique brillante. Des gardes précèdent le cortège composé de gardes et de femmes qui accompagnent la Reine.

FELISMA.

Chevaliers, votre visite me plaît et vous rend dignes de mon estime. J'aime à voir la jeunesse brillante desirer des liens que craignent de jeunes étourdis, sans raison comme sans principes. L'hymen est un port tranquille où l'on se trouve à l'abri des orages du cœur et de l'esprit. Près d'une épouse jeune et vertueuse, est-il possible de ne pas trouver le bonheur et la paix?

BREHUS *bas à Danain.*

La mère a des principes.

DANAIN *bas à Brehus.*

Epouse-là ?

PALAMEDE.

Reine, vous avez de nous la plus juste idée. Nous sommes des jeunes gens dont la raison égale les principes. Nous prouvons notre extrême raison par l'amitié qui nous unit, quoique rivaux, et nous prouvons nos principes par notre empressement à nous ranger sous les drapeaux de l'hymen.

BREHUS *bas à Palamede.*

Ta réponse est superbe.

DANAIN *de même.*

C'est un morceau d'éloquence.

FELISMA.

Chevaliers, je dois, avant de vous présenter à ma fille, vous faire son portrait.

TOUS QUATRE, *montrant leur miniature.*

Il est fait.

FELISMA.

Vous la voyez jolie....

DALINVAL.

Comme elle est.

FELISMA.

J'ose encore vous garantir sa sagesse.

BREHUS.

Nous y croyons comme à la votre.

FELISMA *souriant.*

De la gaieté ! Bien ; je l'aime, quoique je sois Reine ; elle me met plus à mon aise, et je vous dirai franchement que l'esprit de ma fille...

DALINVAL.

Nous le connaissons.

FELISMA.

Son ingénuité....

BREHUS.

Nous nous en doutons.

FELISMA.

Son innocence....

DANAIN.

Est admirée.

FELISMA.

Sa naïveté....

PALAMEDE.

Est un charme de plus. Veuillez donc ne pas retarder davantage une entrevue qui fait notre plus cher desir.

FELISMA *à une de ses femmes.*

J'y consens. Faites venir Azeline. (*à part.*) Il paraît qu'on les a instruits de son peu d'esprit. Tant mieux : ils m'évitent une explication pénible.

UNE FEMME.

Reine, voici la princesse.

(*L'orchestre joue un air sautillant et niais.*)

SCÈNE IV.

FELISMA, AZELINE CHEVALIERS, FEMMES ET SOLDATS.

AZELINE *entre en sautant, d'un air gauche.*

ME voilà ma mère. (*Appercevant les quatre Chevaliers.*) Qu'est-ce que c'est que ces gens-là ?

FELISMA.

Ce sont des Chevaliers.

LES CHEVALIERS *se précipitent tous en même-tems à ses genoux.*

Ah ! Princesse....

AZELINE *effrayée.*

Oh ! mon Dieu ! Vous m'avez fait une fière peur, allez.... Pourquoi donc êtes-vous tombés comme cela tous les quatre à-la-fois ?

LES CHEVALIERS *s'y précipitent une seconde fois.*

Princesse....

AZELINE *aussi effrayée.*

Finissez donc. Relevez-vous.

PALAMEDE *aux Chevaliers.*

Est-ce une plaisanterie ?

BREHUS.

Sans doute.

FELISMA.

Ma fille, ces Chevaliers se jettent à vos genoux pour vous prier d'accepter la main d'un d'entr'eux.

AZELINE.

De tout mon cœur ! Qu'est-ce qui veut me donner sa main ?

DANAIN *à part.*

Mais c'est une niaise.

PALAMEDE.

Princesse, nous venons pour que vous choisissiez celui d'entre nous qui doit vous épouser.

FELISMA *bas à Azeline.*

Une réponse honnête.

AZELINE.

Chevaliers, je suis tout à votre service.

BREHUS.

Nous arrivons des extrémités de l'Univers.

AZELINE.

Bah. (*à part.*) Ma mère, est-ce loin l'Univers ?

DANAIN.

Le bruit de vos attraits est parvenu jusqu'à moi.

AZELINE.

Le bruit !.... (*à part.*) Est-ce que je fais du bruit, ma mère ?

DALINVAL.

Mon rang, ma fortune, je mets tout à vos pieds.

AZELINE regarde tout autour d'elle.

Je ne vois rien.

PALAMEDE.

Mais c'est une sotte.

BREHUS à Palamède.

J'entrevois une ruse, je crois.

PALAMEDE.

Azeline, puis-je prétendre à être votre époux ?

AZELINE se moquant de lui.

Ma mère, comme il tient mal son chapeau !

PALAMEDE piqué.

Quoi ?

DANAIN.

Princesse. Est-ce sur moi que tombera votre choix ?

AZELINE.

Ah, ah, ah, ah ! Quel air pincé !

DANAIN fâché.

Mais....

BREHUS.

Belle Azeline, faites mon bonheur.

AZELINE.

Comme celui-là parle avec prétention !

BREHUS courroucé.

Fort bien.

DALINVAL.

Je serai donc celui....

AZELINE.

Ne trouvez-vous pas ma mère que ce chevalier ressemble à mon frère qui est mort ?

FELISMA.

Lequel ?

AZELINE.

Celui qui était si laid.

PALAMEDE furieux.

Chevaliers, cette entrevue est un outrage qu'on a voulu nous faire. Cette ingénuité n'est qu'une feinte pour se débarrasser de nous, parce qu'un amant préféré est sans doute attendu.

FELISMA.

Chevaliers...

BREHUS.

C'est une indignité : vengeons nous.

TOUS.

Oui.

FELISMA.

Chevaliers...

DALINVAL.

Vous connaitrez notre ressentiment.

FELISMA.

Chevaliers.

AZELINE.

Ma mère, est-ce que vous leur avez dit quelque chose de désagréable ?

FELISMA.

Taisez-vous.

CHŒUR.

Ah! Chevaliers, appaisez-vous.

LES CHEVALIERS.

Nous appaiser.... Non, non, vengeance !

LES FEMMES.

Calmez, calmez votre courroux.

LES CHEVALIERS.

Vous allez voir notre vengeance.

LES FEMMES.

N'accusez que son innocence.

(*Les Chevaliers s'éloignent furieux.*)

SCÈNE V.

FELISMA, AZELINE, FEMMES.

FELISMA.

JAMAIS, petite sotte, vous ne serez mariée....

AZELINE.

Est-ce qu'ils ne m'épouseront pas?... C'est assez malhonnête.... Si j'avais prévu cela, je ne les aurais pas reçus si poliment.

FELISMA.

Cette fille-là fait ma honte et mon désespoir.

AZELINE.

Vous pleurez.... Je vais pleurer aussi....

FELISMA.

Malheureuse reine !

AZELINE.

Malheureuse Azeline!

FELISMA.

Elle me désole.

AZELINE.

Ecoutez ma mère.... Pour vous consoler, je vais vous raconter mon rêve de ce matin.

COUPLET.

Ce matin en dormant j'ai vu
Un monstre d'une espèce rare,
Laid, petit, boiteux et bossu;
Où trouver rien d'aussi bisarre?
Mais ce qui sur-tout l'enlaidit,
C'est une houpe sur la tête;
Eh-bien, cette bête m'a dit:
» Si je puis faire ta conquête,
» Je te donnerai de l'esprit. »

LE CHŒUR répète.

Si je puis faire ta conquête
Je te donnerai de l'esprit.

AZELINE.

J'ai voulu fuir, tant j'avais peur;
Il me retint par ma ceinture,
Me plaçat la main sur son cœur;
Oh! je tremblai bien, je t'assure.
Son visage laid, décrépit,
Décelait une horrible flamme.
Alors cette bête m'a dit:
» Si tu veux bien être ma femme
» Je te donnerai de l'esprit. »

La Reine fait un signe pour qu'on la laisse seule. Les femmes s'éloignent avec Azeline en répetant

Si tu veux bien, etc. etc.

SCENE VI.

FELISMA seule.

Mais ce qu'elle vient de me dire, s'accorde parfaitement avec la prédiction de la Fée qui fut présente à sa naissance: je me souviens qu'elle dit... Il n'est qu'un seul homme qui puisse lui donner de l'esprit.

Mais il est horriblement laid, et cependant elle ne deviendra spirituelle qu'en l'épousant.... O Fée.... Viens à mon secours dans ce moment cruel.... Eclaircis mes doutes, et console une mère.

(La fée paraît dans son char.)

SCÈNE VII.

DELPHINA.

RECITATIF....

A tes vœux je me rends. Les chagrins d'une mère
Sont un titre sacré que mon pouvoir révère.
Tu demandes celui qui peut par ses bienfaits
De l'ingénuité modérer les excès;
Reine, je vais te satisfaire....
(On entend un bruit de cors.)
C'est celui qu'Azeline en dormant a cru voir
Lui seul pourra remplir tes vœux et ton espoir.
(On entend les cors plus rapprochés.)
Doué d'esprit, mais sous des traits hideux,
En vers lui l'injuste nature
Fut à-la-fois sensible et dure.
Il plait au cœur, déplait à tous les yeux.
Si ta fille pour lui s'enflamme
Elle obtiendra le don d'un esprit enchanteur.
Elle verra que la laideur
Cache souvent la plus belle âme.
(On entend les cors tout près.)
Le voici.... Je te laisse.... Il est connu de toi....
Cache en le regardant, ta crainte, ton effroi.
(La fée remonte dans son char et disparaît.)

SCÈNE VIII.

FELISMA, RIQUET, GARDES.

RIQUET.

Il entre en habit de chasse, suivi de quatre chasseurs. La reine est effrayée, mais elle cache son horreur et fait un salut à Riquet.

A cet accueil aimable et gracieux je reconnais la reine Félisma si justement vantée.

FELISMA.

Seigneur....

RIQUET.

A ma laideur vous devez reconnaître en moi....

FELISMA.

Mais....

RIQUET

Vous hésitez.... C'est être trop bonne.... par-tout où je me présente, un regard jeté sur moi fait dire.... C'est Riquet à la houpe, ce prince si laid, si mal bâti.... Mais assez d'autres font mon portrait sans qu'il soit nécessaire que je le fasse moi-même. La nature m'a construit ainsi, qu'y faire?.... Cela prouve du moins à ceux qui disent toujours : *Rien n'est beau comme la nature*, que la dame fait souvent de très-vilaines choses. Dieu merci, je n'en suis pas seul la preuve effrayante.

FELISMA.

Seigneur, votre esprit....

RIQUET.

Il faut bien qu'on le vante, je n'ai que cet avantage. Mais tenez, de bonne foi ; il en est de moi et de mon esprit, comme d'un cavalier laid, monté sur un beau cheval : on n'a rien à dire de l'homme, on vante son coursier.

FELISMA.

Votre rang, votre fortune.

RIQUET,

Embellissent mes jardins, mes châteaux, et nullement ma figure.

FELISMA.

Vos qualités...

RIQUET.

Ornent mon cœur, mais le cœur est la dernière chose que les hommes regardent.

FELISMA.

(*A part.*) Il a raison ! (*haut.*) Prince je bénis le hasard qui vous a conduit près de moi.

RIQUET.

C'est à moi de le bénir. La chasse ne pouvait nous

conduire dans un bois plus agréable ; et je regrette beaucoup d'avoir blessé la biche légère qui nous a fait arriver au temple de la beauté : car je n'ignore pas que c'est ici le séjour de la charmante Azeline. Depuis longtemsson portrait que j'ai reçu, m'a fait connaître ses attraits et le malheur....

FELISMA.

Comment, Prince ?

RIQUET.

Ce portrait m'enflamma, dès la première vue, de l'amour le plus tendre. Si j'avais été susceptible d'inspirer le moindre attachement, j'eusse accouru, le premier, vous demander sa main ; mais l'horreur de mes traits ne me laissant aucun espoir, j'ai pris la résolution difficile, de vivre avec ce portrait sur mon cœur, puisque je ne pourrais jamais y presser le modèle.

FELISMA.

Pourquoi donc ?

RIQUET.

Quoi ! vous penseriez !...

FELISMA.

Je n'ose rien vous promettre ; mais j'exige au moins que vous ne partiez pas sans voir Azeline, et sans être bien assuré qu'elle ne cédera jamais à vos desirs. Vous connaissez sa naïveté, vous ne vous en fâcherez pas.

RIQUET.

Ne craignez rien. Je suis fait aux plaisanteries.

FELISMA.

Dans un moment vous la verrez, et croyez que je ne m'opposerai en rien à ses volontés, si elles vous sont favorables. (*Elle sort.*)

SCÈNE IX.

RIQUET seul.

LA mère me traite bien. Elle est assez disposée en ma faveur ; mais ce n'est pas la mère qui m'épousera,

Et je suis sûr qu'Azeline.... Avec cela, je suis en habit de chasse : si j'étais vêtu magnifiquement, peut-être.... chimère... Un bel habit me donnerait le ridicule de la prétention, et un ridicule ajoute à la laideur. Quelqu'un vient.... C'est Azeline.... Ah ! quelle entrevue ! (*A ses chasseurs.*) Eloignez-vous.

SCÈNE X.

RIQUET, AZELINE.

AZELINE *entre d'abord sans voir Riquet, puis elle recule en l'appercevant.*

Ah ! mon dieu ! C'est la bête dont j'ai rêvé.

RIQUET.

Vous avez rêvé de bête?

AZELINE de loin.

Oui, j'ai rêvé de vous. N'approchez pas ; vous me faites déjà peur de loin.

RIQUET.

Voilà une petite conversation d'amour qui commence bien.

AZELINE.

Est-ce que c'est vous que ma mère veut me faire épouser ? Vous êtes donc un homme ; mais non, un homme n'est pas une bête.

RIQUET.

Il y en a, et beaucoup.

AZELINE.

Comment vous nomme t-on dans votre espèce?

RIQUET.

Riquet à la Houpe.

AZELINE.

Oh ! le drôle de nom !... Mais oui, je ne me trompe pas, vous avez une houpe sur la tête.... C'est ma bête ! Qui donc vous a fait si vilain?

RIQUET.

La même main qui vous a fait si belle.

AZELINE.

Et quelle est cette main là?

RIQUET.

Celle de la providence.

AZELINE.

Elle fera bien de ne pas recommencer.... N'approchez pas.

RIQUET.

Azeline, calmez cette frayeur qui me désole, et qui est due plutôt à la méchanceté qu'à la laideur. Je ne suis pas dangereux.

AZELINE *fuyant toujours.*

Oh! non.

RIQUET.

Laissez moi vous parler un moment. Vous êtes belle; mais votre esprit, dit-on, répond mal à votre beauté.

AZELINE.

C'est bien vrai.

RIQUET.

Sachez que j'ai le don de rendre spirituelle, la femme qui aura le courage de m'aimer, et de m'épouser.

AZELINE.

Là.... C'est mon rêve ... Vous avez là un don qui vous restera.

RIQUET.

Azeline!

AZELINE.

De bonne foi on ne peut pas vous aimer sans faire dire: Voilà une femme qui a bien mauvais goût.

RIQUET.

Comme on me flatte!

AZELINE.

Tout le monde se moquerait de moi, et l'on s'en moque déjà bien assez sans vous.

RIQUET.

Ainsi vous refusez le don que je puis vous faire! Azeline! Vous me mettez au désespoir.

(*Il se jette à ses genoux; pendant qu'il la supplie d'être plus sensible, les Chevaliers entrent.*)

SCÈNE XI.

LES MÊMES, LES QUATRE CHEVALIERS.

DANAIN *bas aux Chevaliers.*

La voici avec son amant; je vais l'attaquer. Vous, enlevez Azeline. *(Il attaque Riquet.)*

RIQUET *mettant l'épée à la main.*

Malheureux....

AZELINE.

Ne badinez donc pas comme cela, vous allez vous blesser. Ma mère....

BREHUS.

Azéline, suivez-nous.

AZELINE.

Je le veux bien, allons nous en, car ils m'effrayent.

(Brehus la prend dans ses bras.)

AZELINE.

Qu'il est fort cet homme là!... Il m'enlève comme une plume!

Pendant que les Chevaliers sortent, Danain combat toujours avec Riquet; quand ils sont sortis, il fond sur Riquet, le blesse, et fuit.

SCÈNE XII.

FELISMA, GARDES, LES FEMMES.

FELISMA *accourt.*

Pourquoi ces cris?... Prince.... Vous êtes blessé!... Qu'avez-vous?... Où est ma fille?

RIQUET.

Enlevée!

FELISMA.

Azeline enlevée!

RIQUET.

Par quatre Chevaliers.

FELISMA.

Grands Dieux !.... Qu'on rassemble mes soldats et qu'on poursuive ces ravisseurs.

RIQUET.

Je connais leur château ... Il est à une lieue d'ici.... courez sur leurs traces... Je vais de mon côté rassembler mes soldats, et nous irons les attaquer sur tous les points.

CHOEUR DE FEMMES.

Soldats, Chevaliers, armez-vous
Pour la beauté, pour l'innocence,
Nous réclamons votre vaillance.
Soldats, Chevaliers, vengez-nous.

Fin du premier acte.

ACTE II.

Le théâtre représente le derrière d'une citadelle ; il y a dans la tourelle à droite une petite grille : le reste de la scène est garni d'arbres.

SCÈNE Iere.

La troupe s'avance en ordre, ayant à sa tête Riquet à la Houpe ; après avoir défilé autour du théâtre, elle se place sur une seule ligne.

RIQUET.

Braves soldats, nous voici devant la tour qui renferme Azeline enlevée par quatre Chevaliers, mes rivaux. C'est ici qu'il faut que vous tâchiez de montrer du courage. Je ne vous recommanderai pas d'aller toujours en avant, de fondre sur l'ennemi, ce serait vous prier d'une chose impossible. Je vous recommanderai seulement de ne pas fuir, selon votre habitude, braves soldats, en me laissant seul sur le champ de bataille.... Vous m'avez entendu, je compte sur votre valeur qui est rare.

LES SOLDATS.

Oui, Prince.

RIQUET.

Pensez qu'il y va du bonheur de ma vie.

LES SOLDATS.

Oui, Prince.

RIQUET.

Qu'il faut que je délivre Azeline ou que je meure.

LES SOLDATS.

Oui, Prince.

(*On entend le son d'un beffroi, tous tremblent et disent* :)

Ah ! Mon Dieu !

RIQUET.

Ce sont les soldats de la Reine qui sont arrivés, allez grossir leurs rangs.

LES SOLDATS.

Allons.... (*Ils sortent tous en tremblant.*)

SCÈNE II.

RIQUET seul.

QU'UN chef est heureux d'avoir d'aussi vaillans soldats ! C'est pourtant-là le corps le plus brave. Ce sont les soldats avec qui je remporte quelquefois la victoire en les mettant dix contre un.... J'en ai rarement de tués, ils courent si vîte ! Laissons-là cette intrépide armée, et occupons-nous de chercher le côté faible de cette citadelle.... (*On entend frédonner.*) J'entends une femme, c'est ici le côté faible.... Observons bien.

(*Azeline chante dans la tourelle.*)

COUPLETS.

Etre seule dans sa prison,
C'est être dans la solitude !
Quand on n'en a pas l'habitude,
On aime bien mieux sa maison.
N'avoir que soi pour compagnie
Ah ! mon Dieu ! comme l'on s'ennuie !

RIQUET.

C'est Azeline.

AZELINE dans la tourelle.

Je regrette bien mon palais,
Et mes compagnes, et ma mère !
Rien ne me forçait à me taire,
Je faisais ce que je voulais.

N'avoir que soi pour compagnie,
Ah ! mon Dieu ! comme l'on s'ennuie !

RIQUET.

Elle voudrait sortir de sa prison, faisons l'en sortir... Eh ! comment ? Cette fenêtre est si élevée.... La grille que j'apperçois est double. Sans le secours de quelque Fée, il m'est impossible.... Oui, il me faut absolument une Fée. (*Delphina descend dans son char.*) Précisément en voici une, j'en réponds à sa tournure et à sa dignité.

SCÈNE III.

DELPHINA, RIQUET.

DELPHINA.

Tu ne te trompes pas, je suis la fée Delphina, celle qui fut présente à ta naissance.

RIQUET.

Comme je ne vous ai vue que ce jour-là, pardon si je ne vous reconnais pas ; du moins je me rappelle que je vous ai l'obligation d'être doué d'une laideur parfaite.

DELPHINA.

Et d'un esprit aimable.

RIQUET.

Si j'étais bête et laid, je ressemblerais à trop de monde.

DELPHINA.

Aimerais-tu mieux être sot et bel homme ?

RIQUET.

Je crois qu'oui. Les femmes qui voient un homme dont les traits sont nobles et séduisans, lui trouvent toujours de l'esprit, de l'amabilité ; et le don de plaire aux femmes est le plus heureux don de la nature. Or, la beauté est, je crois, préférable à l'esprit.

DELPHINA.

Est-ce que ta laideur t'a toujours empêché de plaire ?

RIQUET.

De plaire, non. Des traits d'esprit, des saillies heureuses ont fait desirer à quelques femmes ma société, mais j'en suis toujours resté avec elles à mes bons mots. Tenez, franchement, je suis de ces magots de cheminée dont la figure grotesque amuse un moment, mais qu'on laisse-là pour fixer ses regards sur une belle statue d'Apollon.

DELPHINA.

Mais tu possèdes le don de rendre les femmes spirituelles!

RIQUET.

Trouvez-moi des femmes qui n'aient point d'esprit? Esprit et femmes, c'est synonime.

DELPHINA.

Cependant Azeline...

RIQUET.

Grâce à vous, elle fait une exception.

DELPHINA.

Elle ne peut donc parvenir à t'aimer?

RIQUET.

Vous m'avez fait une si vilaine figure.

DELPHINA.

Tu aurais donc bien envie d'être moins laid?

RIQUET.

Je vous en réponds.

DELPHINA.

Prends garde à ce que tu desires.

RIQUET.

Je ne desire que changer de visage.

DELPHINA.

Eh bien! tu vas être satisfait.

(Elle fait mouvoir sa baguette, Riquet paraît, en jeune Chevalier, armé de cuissards et de brassards.)

RIQUET.

Ah! je fais mentir le proverbe qui dit : qu'on ne gagne rien à changer...

DELPHINA.

Le proverbe a raison, te voilà sous une forme plus agréable, mais tu ne seras plus qu'un sot.

RIQUET.

Comment donc ?

DELPHINA.

Tu seras aimé d'Azeline, mais tu ne pourras l'épouser.

RIQUET.

Que dites-vous ?

DELPHINA.

Et je te défends, sous peine de la perdre pour jamais, de te faire connaître pour Riquet à la Houpe.

RIQUET.

Si elle m'aime ainsi, je serai donc mon propre rival ?

DELPHINA.

Assurément.

RIQUET.

Plus elle m'aimera sous cette forme, plus elle me détestera sous celle de Riquet.

DELPHINA.

Et cependant tu ne l'épouseras jamais que sous ta première forme.

RIQUET.

Me voilà dans un embarras.

DELPHINA.

Tu l'as voulu... maintenant je vais la délivrer.

(*Les grilles tombent.*)

RIQUET.

Comme c'est commode une Fée !... Mais elle ne pourra descendre.

DELPHINA.

Mon char va lui servir... (*Le char monte à la croisée et descend Azeline, Delphina y remonte et s'éloigne.*) Vous vous entendez à merveille, mes amis ; vous êtes faits l'un pour l'autre... (*Elle disparait.*)

SCENE IV.

AZELINE, RIQUET, *tous deux niais.*

RIQUET.

Quelle révolution se fait en moi !... Comme je me sens gauche !...

AZELINE.

Qu'est-ce donc que cet homme-là ?

RIQUET niaisant.

Princesse ... Ah ! dans l'enchantement où je suis, il est certain... que... Comment vous portez-vous ?

AZELINE.

Bien et vous ?

RIQUET.

Trop heureux de vous avoir délivrée. Vous êtes... si... belle.

AZELINE.

Vous êtes si beau.

RIQUET.

Je suis un officier du Prince.

AZELINE.

Je suis une Princesse de la Reine.

RIQUET.

Etes vous contente d'être sortie de prison ?

AZELINE.

Je vous en réponds.

RIQUET.

C'est un endroit où l'on ne se promène guère en liberté qu'une prison.

AZELINE.

Comme vous dites.... On n'y est pas si libre que dehors.

RIQUET,

J'aime la solitude pourtant.

AZELINE.

Et moi aussi, quand il y a beaucoup de monde.

RIQUET

Les champs me plaisent, et toutes les fois que je sors de la ville, je me retire à la campagne.

AZELINE.

Pourquoi m'avez-vous ôtée de-là ?

RIQUET.

Pourquoi.... Ah ! c'est.... C'est pour que vous n'y soyez plus Princesse.

AZELINE.

Vous soupirez....

RIQUET riant.

C'est mon habitude.

AZELINE.

Pour qui soupirez-vous ?

RIQUET.

Pour qui.... Je crois que c'est pour vous.

AZELINE.

En êtes vous sûr ?

RIQUET.

Et vous ?

AZELINE.

J'ai idée que c'est pour vous.

RIQUET.

Est-ce que nous nous aimerions ?

AZELINE *sautant.*

Que cela serait drôle !

RIQUET.

Vous me trouvez donc....

AZELINE

Pas mal.... Et beaucoup mieux que ce Riquet à la Houpe.

RIQUET.

Le Prince ! il vous adore.... Dam.

AZELINE.

Je ne l'aime pas, dites lui cela. Mais vous, c'est différent.... Ecoutez donc ? Quand demanderez-vous ma main ?

RIQUET.

Aujourd'hui, tout-à-l'heure.

AZELINE.

Comment la demanderez-vous ?

RIQUET.

Comment.... Je dirai.... Reine, mon cœur.... C'est un sentiment que....

AZELINE.

Bien.

RIQUET.

Reine, la nécessité où je suis de me marier, fait que je vous demande votre fille et....

AZELINE.

A merveille.

RIQUET.

Je viens pour... Par... Reine, vous auriez grand tort si vous me refusiez.

AZELINE.

Elle est très-bien cette demande.

RIQUET.

Croyez-vous ? (*à part.*) Il me semble qu'elle est sotte.

AZELINE.

Si vous l'obtenez ?

RIQUET.

Quel bonheur! Je pourrais! Je serais! Je verrais! (*à part.* Mais oui je suis bête.

AZELINE.

Et moi que je serai contente! Je pourrai! Je dirai! Je verrai!... Est-ce que vous avez du chagrin ?

RIQUET.

Ah bien oui!... Je n'ai rien.... Je suis ivre de joie!... (*Il saute bêtement.*)

AZELINE.

Je vous trouve l'air un peu...

RIQUET.

Quoi ?

AZELINE.

Un peu...

RIQUET.

Parlez ?

AZELINE.

L'air un peu bête.

RIQUET.

Et vous donc ?... (*à part.*) Maudite Fée, tu m'as rendu le plus ridicule des hommes! Tâchons de m'éloigner.

AZELINE.

Où allez-vous donc ?

RIQUET.

C'est que je perds mon tems là avec vous; je vais rejoindre mon armée que j'avais oubliée.

AZELINE.

N'oubliez pas ma main.

RIQUET.

Votre main.... (*à part.*) Chaque mot est une sotise. Delphina, rends-moi ma laideur!

AZELINE.

Vous ne m'embrassez pas avant de partir.

RIQUET.

Ce sera pour une autrefois. (*à part.*) Au diable ma beauté. (*Il sort.*)

SCÈNE V.

AZELINE seule.

COMME ce Chevalier m'aime!.... Il est fort bien, et c'est décidé, je n'en aurai pas d'autre pour époux. Ma foi, mon cher Riquet à la Houpe, voilà un jeune homme qui vous fera un tort éternel ; et je ne veux plus de vous du tout, du tout, du tout. Je ne penserai plus qu'à mon beau Chévalier ; mais.... Il m'a laissée seule ici. Les ennemis pourraient.... Eh bien ! voilà que j'ai peur : si je me sauvais par-là.... (*On entend des cris de combattans*) Ah !.. je n'entends plus rien. Prenons ce petit chemin là.... (*On entend une marche.*) Il y a du monde ; comment vais-je donc faire ? Mon Dieu, mon Dieu, mon Dieu ! (*La Reine et les femmes accourent.*)

SCENE VI.

AZELINE, FELISMA, GARDES, ET FEMMES.

FELISMA.

Que vois-je ?....

AZELINE.

Est-ce que je vous fais peur ?

FELISMA.

Vous voilà délivrée, ma fille ?

AZELINE

Je crois qu'oui.

FELISMA.

C'est pour vous mettre en liberté que dans ce moment mes soldats se battent à outrance.

AZELINE

Qu'ils sont niais !

FELISMA.

Ils cherchent à pénétrer dans le fort pour vous trouver.

AZELINE.

Ils ne m'y trouveront pas.

FELISMA.

Je cours faire cesser le carnage. Mais non, il faut que ces insolens Chevaliers soient punis de leur témérité. J'ai promis votre main aux prince Riquet, s'il amenait ses rivaux enchaînés.

AZELINE.

Vous avez eu tort de lui promettre ma main.

FELISMA.

Pourquoi ?

AZELINE.

Parce que je l'ai promise ; j'en aime un autre.

FELISMA.

Que dites vous ?

AZELINE.

Un de ses officiers, celui qui m'a délivrée.

FELISMA.

Ma fille !

AZELINE.

Je lui ai dit que je l'aimais.

FELISMA.

Y pensez-vous ?

AZELINE.

Si j'y pense, j'y penserai toujours.

FELISMA.

C'est le Prince que vous épouserez....

AZELINE.

Je ne veux pas, là.

FELISMA.

Il le faut.

AZELINE.

Je l'épouserai une autre fois ; pour aujourd'hui, vraiment, cela n'est pas possible.

FELISMA.

Je vous dis qu'il le faut. Mais j'entends un grand bruit ; c'est peut-être le fort qui va sauter, retirons-nous.

AZELINE.

Comment ? Est-ce que cela saute un fort ? Ma mère, restons-là pour voir si cela saute bien.

FELISMA.

Fuyons, j'apperçois sur la brêche un des quatre Chevaliers. (*Elles s'éloignent.*)

SCÈNE VII.

LES QUATRE CHEVALIERS.

BREHUS sur le bord de la fenêtre par laquelle est sortie Azeline.

Azeline ! Azeline !.... La grille enlevée ! Elle est échappée !.... J'étais accouru pour m'en rendre le maître. (*Il saute en bas.*) Je ne la vois pas. O fureur ! Qui donc peut l'avoir soustraite à mes desirs ?

DANAIN sur le bord de la fenêtre.

Azeline ! la brêche ouverte !.... Un Chevalier dehors... C'est une trahison de sa part, c'est lui qui l'a ravie à mon pouvoir. (*Il saute.*) Perfide, défends toi....

(*Ils se battent.*)

DALINVAL *sur le bord de la fenêtre.*

Que vois-je ? Elle n'est plus dans sa prison ! Deux Chevaliers qui se battent. Ils se la disputent. (*Il saute.*) Traîtres, je vous défie tous les deux. (*Il se bat contre les deux.*)

PALAMEDE *sur le bord de la fenêtre.*

Riquet est vainqueur. Azeline ! Où est-elle ?

TOUS TROIS.

Nous nous la disputons.

PALAMEDE.

Scélérats, je vous attends tous les trois.

(*Il saute, se bat contre les trois et les défait.*)

Azeline !

BREHUS.

Je ne sais où elle est.

PALAMEDE.

Azeline ?

DANAIN.

Je ne l'ai pas vue.

PALAMEDE.

Azeline ?

DALINVAL.

J'ignore sa retraite.

PALAMEDE.

Sur l'honneur ?

TOUS TROIS.

Sur l'honneur.

PALAMEDE.

Ainsi nous nous sommes battus sans motif ; mais ne nous séparons pas. L'ennemi est vainqueur ; sans doute notre défaite va l'engager à faire des jeux et des fêtes sur ces lieux mêmes. Mes amis, réunissons quelques braves, et pendant leurs plaisirs, nous reviendrons le surprendre et le vaincre à notre tour.

TOUS TROIS.

Oui.

PALAMEDE.

Grands Dieux ! J'apperçois la flamme, la mine va sauter, fuyons.

Le fort saute, et Riquet paraît sur la brêche sous sa première forme. Azeline revient avec la Reine.

SCÈNE VIII.

FELISMA, AZELINE, RIQUET, GARDES.

AZELINE.

Oh ! Que j'ai eu peur ! Mais le beau feu ! Maman, le beau feu !... Pourquoi ne fais-tu pas sauter des forts comme cela plus souvent ?

FELISMA.

C'est à vous, Prince, que nous devons la victoire.

RIQUET.

Oui, Reine. Permettez, pendant que vos soldats et les miens se livrent au pillage, permettez que je vous offre cet étendard arraché par moi des mains de l'ennemi. Combattre pour les Dames, est la vraie bravoure; leur rapporter le prix du combat, c'est en doubler le mérite, et le recevoir de leurs mains, c'est le plus beau triomphe.

FELISMA.

Prince, je n'attendais pas moins de votre courage et de votre galanterie.

RIQUET.

Je n'ai pu trouver les coupables Chevaliers, ils sont peut-être ensevelis sous les ruines.

FELISMA.

Non, ils ont fui.

AZELINE.

Ils se sont battus en se disant qu'ils m'avaient enlevée; sans ma mère je serais venue leur faire voir qu'ils se trompaient.

RIQUET.

Les lâches ont fui; n'importe : ils n'ont plus ni châteaux, ni soldats. La victoire est à nous.

FELISMA.

Oui, Prince, et je vais me charger moi-même des honneurs qui vous sont dûs. Je vais composer le cortège qui vous reconduira dans vos Etats. C'est pour nous que vous avez entrepris cette guerre; le vainqueur doit laisser les préparatifs de son triomphe, à l'amitié, à la reconnaissance.

RIQUET.

Vous le voulez, Reine ! Je ne me priverai pas moi-même du plaisir de vous devoir quelque chose, et je me soumets à toutes vos volontés.

FELISMA.

Restez ma fille. (*Elle sort avec ses femmes.*)

SCÈNE IX.

AZELINE, RIQUET.

RIQUET.

Avez-vous encore peur de moi, charmante Azeline?

AZELINE.

Non, puisque ma mère vous a parlé.

RIQUET.

Eh bien ?

AZELINE.

Dites donc ? Va-t-il venir ?

RIQUET.

Qui ?

AZELINE.

Ce jeune officier.

RIQUET.

Je ne sais.

AZELINE.

Allez lui dire que je l'attends. Tenez, j'ai déjà de l'amitié pour vous ; j'en aurai bien plus.

RIQUET.

Ainsi, charmante Azeline, il faut que je renonce à l'espoir de vous posséder. Cependant, que de plaisirs nous eussions goûtés ensemble ; comme une douce intimité eut formé tout-à-la fois votre esprit et votre cœur.

AZELINE.

Bah !

RIQUET.

C'est par les arts que l'on forme l'esprit, nous les eussions cultivés ensemble.

AZELINE.

Qu'est-ce que c'est que les arts ?

RIQUET.

Ce sont les charmes, les ornemens de la vie ! La peinture, par exemple. Cet art divin transmet à la toile l'expression de l'ame par celle des traits. La peinture par ses prestiges enchanteurs est bien souvent la sœur de la nature. Veut-on représenter un amant qui cherche à lire dans le cœur de sa maîtresse, ou du moins de celle qu'il adore ! Il est là les yeux baissés, s'exprimant avec crainte. Il prend en tremblant une main qu'il voudrait presser avec ivresse, sa bouche est prête à dire : Je t'aime, mais celle qu'il idolâtre, rêveuse, préocupée, l'écoute si indifféremment qu'il est découragé et prêt à mourir de douleur à ses pieds.

AZELINE.

Non, Prince, ne mourrez pas. J'oubliais que vous parliez d'un tableau. Continuez, cet entretien m'intéresse.

RIQUET.

(*A part.*) Elle commence à se connaître. (*haut.*) La poësie est, après la peinture, l'art le plus éloquent pour offrir l'image des passions et sur-tout celle de l'amour.

AZELINE.

Parlons de la poësie.

RIQUET.

Qu'un amant bien épris, s'appercoive que son amie, d'abord indifférente, paraît s'abandonner enfin à certain sentiment qui, sans être de l'amour, est au moins de l'amitié; alors il a recours aux charmes de la poësie; alors il s'écrie :

Tu renonces enfin à ton indifférence,
O toi, qui sais unir la grâce à l'innocence.
Un amant malheureux, qui ne l'est que par toi,
Peut donc avec espoir soupirer sous ta loi.
Il peut t'ouvrir son cœur, t'avouer sa tendresse,
T'offrir les plus doux soins, te peindre son ivresse,
Et par ses vœux constans, par sa fidèle ardeur,
Faire à chaque moment, un pas vers le bonheur.
Ah! dévoile en ce jour l'âme sensible et tendre
Qui recèle un aveu que je brûle d'entendre;
Ne me cache plus rien des heureux sentimens
Qui sont du Dieu d'amour des fils intéressans.
Daigne prendre en tes mains le flambeau d'hyménée,
Et pour me bien juger, ah! dans cette journée
N'éclaire pas mes traits, que toute la lueur
De ce flambeau sacré ne frappe que mon cœur.
J'y fis depuis long-tems le plus bel assemblage
Pour orner mes vertus, j'y plaçai ton image.

AZELINE.

Prince, quel trouble vous portez dans mon esprit! Mes idées s'éclaircissent, mon cœur s'agite; de grace poursuivez!

RIQUET.

Elle commence à sentir son cœur, puisqu'elle commence à m'aimer.

AZELINE.

Poursuivez donc.

RIQUET.

La musique est le troisième des arts. Son pouvoir magique est encore plus grand, en ce que les sons de l'harmonie semblent circuler dans nos veines, pour y porter le trouble de la douleur ou de la joie. Azeline, écoutez.

Il prend une lyre, et en pince jusqu'à ce qu'Azeline tombe sur un banc, dans un état de langueur qui précède l'égarement de ses sens. Quand elle est dans cet égarement, elle s'écrie :

« O toi qui viens de me donner cette leçon si inté-
» ressante! Que ne puis-je en faire usage pour t'aimer. »

RIQUET.

Azeline.

AZELINE.

J'ai pour toi la plus vive amitié ; mais plus tu as éclairé mon esprit, plus tu m'as donné d'amour pour le Chevalier qui m'a délivrée. Je voudrais le voir dans le tableau, je voudrais entendre ses vers, je voudrais écouter les sons de sa lyre.

RIQUET.

Vous ne le reverrez jamais.

AZELINE.

Jamais....

UNE VOIX *s'écrie derrière le théâtre :*

Tu le re verras.

AZELINE.

Ah!

(*Elle est au comble de la joie, en demandant excuse à Riquet qui se désole*).

RIQUET.

Qui que tu sois, je te hais pour ce mot affreux, qui ne fait qu'accroître mon embarras. Cruelle Delphina ; c'est toi qui m'as mis dans la situation la plus affreuse. Je n'avais point de rival aimé, et c'est moi même que tu m'as opposé. (*On entend une musique joyeuse.*) Voilà des honneurs qui vont m'être rendus, il faudra paraître content, lorsque mon cœur est si vivement déchiré.

SCÈNE X.

LES MÊMES, FELISMA, GUERRIERS ET SUITE DE FELISMA.

Des guerriers chargés des dépouilles ouvrent la marche ; ensuite les femmes précèdent la Reine qui porte une couronne de laurier. Les vaincus enchaînés la suivent, et la marche est fermée par les soldats du Prince.

CHŒUR.

Heureux par la victoire,
Récompensons la gloire

Au vainqueur en ce jour,
Portons une couronne;
Mais que ce soit l'amour
Qui pour nous la lui donne.

Quand tout le monde est placé, Azeline reçoit de la Reine la couronne, et va la porter à Riquet à la Houpe, en lui disant :

L'amitié récompense la valeur.

Le ballet commence, et lorsque l'on s'abandonne avec sécurité, un soldat vient crier : Aux armes

SCÈNE XI.

LES MÊMES, UN SOLDAT.

UN SOLDAT.

Aux armes : les quatre Chevaliers s'avancent à la tête d'une troupe assez forte; ils veulent vous surprendre pendant cette fête.

Aux armes.

Les femmes fuient. Les soldats se rangent d'un côté; ceux de la Reine sont devant, ceux de Riquet sont derrière. Les Chevaliers arrivent; ils sont étonnés de se voir attendus, cependant le combat s'engage, ils fondent sur les soldats de la Reine qui sont vaincus. Ils crient déjà victoire lorsque les soldats de Riquet, se voyant prêts d'être battus, secouent les houpes de leur tête, et par la poussière aveuglent l'ennemi qui tourne le dos. Alors les soldats de Riquet tombent sur lui, le défont, et s'emparent des quatre Chevaliers. Les trompettes des vainqueurs sonnent de toutes parts, et la toile baisse.

Fin du second acte.

ACTE III.

Le théâtre représente une cour, au fond est une belle façade de palais, à droite un pavillon.

SCÈNE Ire.

Au lever de la toile, une musique de fanfare annonce un cortège. C'est Riquet à la Houpe que la Reine, Azeline et la troupe, ramènent chez lui. Les quatre Chevaliers sont enchaînés.

RIQUET.

Reine, vous m'avez fait l'honneur de venir visiter mon château, veuillez bien y commander. Tous mes soldats, tous mes biens, tous mes trésors vous appartiennent; un fils ne doit rien posséder qui ne soit à sa mère.

AZELINE *à part.*

A sa mère !

FELISMA.

Prince, votre amitié, votre bonté me touche et m'intéresse. Dans ce moment je ne puis voir ce château si renommé par sa magnificence. J'ai besoin d'un moment de repos, la fatigue....

RIQUET.

Je vais vous conduire à l'appartement qui vous est destiné.

FELISMA.

J'y consens. Gardes, ne quittez point ces prisonniers, leur châtiment est nécessaire. Azeline, suivez-moi.

AZELINE, *à part.*

Pauvre Azeline ! Tu ne reverras plus ton beau Chevalier.

Une musique vive et légère, accompagne la sortie de la Reine précédée et suivie de ses femmes.

SCENE II.

Les soldats examinent leur butin. Les Chevaliers enchaînés déplorent leur malheur.

LES CHEVALIERS ET LES SOLDATS.

BREHUS.

MALHEUREUX que nous sommes, notre perte est assurée ! Quel destin fatal nous a conduits en ces lieux !

DANAIN.

C'est vous qui nous avez entraînés à ce nouveau combat.

DALINVAL.

Vous disiez qu'ils étaient sans armes, occupés à des fêtes.

PALAMEDE.

Chevaliers, même sort nous attend, ne nous reprochons rien, et réunissons nos efforts pour obtenir notre liberté. Commençons par séduire ces soldats.

TOUS TROIS.

Oui.

UN SOLDAT.

Voilà notre partage fait, réjouissons-nous.

Ier. COUPLET.

Etre soldat, faire la guerre,
Ce n'est pas un mauvais métier.
On a d'abord un beau laurier
Pour sa récompense première.

Ensuite on partage le gain,
Et l'or vient enrichir la gloire.
Il faut bien un peu de butin
Pour orner (*bis*) la victoire.

PALAMEDE.

Mes amis, si vous aimez tant les richesses, tenez, voilà tout ce que nous possédons.... Sauvez-nous ?

LES SOLDATS.

Non.

IIe. COUPLET.

Quand d'assaut l'on prend une ville,
On voit plus d'un joli tendron,
Qui plein d'effroi vient sans façon
Vous offrir son petit asyle.
Mais, à peine il est accepté,
Que l'amour s'y joint à la gloire,
Et le vainqueur de la beauté,
Doit aimer (*bis*) la victoire.

PALAMEDE.

Nous sommes maîtres de grands Etats, nous vous donnerons des emplois, des dignités, délivrez-nous.

LES SOLDATS.

Non.

IIIe. COUPLET.

Lorsque la paix suit la bataille
Chacun s'en retourne chez soi,
Et sous une plus douce loi
Dans ses foyers chacun travaille.
De tems en tems joyeux banquets
Rappellent des beaux jours de gloire!
Combien les plaisirs de la paix
Font aimer (*bis*) la victoire.

PALAMEDE.

Vous êtes des barbares et....

(*Les quatre Chevaliers cherchent à briser leurs chaînes.*)

SCÈNE III.

LES MÊMES, RIQUET.

RIQUET.

Chevaliers, voudriez-vous donc vous révolter ?

PALAMEDE.

Empêchez ces soldats de nous insulter par leur joie féroce.

RIQUET.

Soldats, respect au malheur. Vous êtes vainqueurs, soyez généreux, c'est votre devoir.

BREHUS.

Prince, quel est le sort qu'on nous destine ?

RIQUET.

Chevaliers, c'est ce soir, c'est dans une heure que se tiendra le conseil de guerre.

DANAIN.

Qui nous accuse ?

RIQUET.

La Reine et l'armée.

PALAMEDE.

Vous savez que les lois de la chevalerie nous accordent un défenseur.

RIQUET.

Il est vrai : choisissez-le ?

DALINVAL.

Qui choisir ?

PALAMEDE.

Amis, l'excellente idée ! Elle peut nous sauver ; nous choisissons....

RIQUET.

Qui ?

PALAMEDE.

Azeline.

RIQUET

Celle que vous avez offensée ?

PALAMEDE.

Elle-même, puisque ce n'est pas elle qui nous accuse.

RIQUET.

Croyez-vous que ses talens....

BREHUS.

Ils nous sauveront.

RIQUET.

Mais, pensez-vous qu'elle accépte ?

DANAIN.

Nous vous prions de vous servir de votre ascendant sur elle, pour la déterminer à suivre notre choix.

RIQUET.

Vous le voulez ? Je me charge de lui en faire la proposition.

PALAMEDE.

Sur l'honneur ?

RIQUET.

Sur l'honneur. Soldats, conduisez ces Chevaliers à la tour, qu'on les surveille avec soin, mais qu'on les traite avec douceur. Les hommes peuvent être désunis par les circonstances, mais ils se doivent toujours dans le malheur, protection et humanité.

SCENE IV.

RIQUET seul.

Azeline leur défenseur. Ce projet est bizarre; mais il me plaît, il peut favoriser mon amour. Oui je devrai peut-être à mes rivaux le bonheur de ma vie. Ne négligeons rien pour qu'Azeline se charge du soin de les défendre.. Azeline, où es tu maintenant? Enfermée dans ton appartement, toujours occupée de ton Chevalier, tu cherches les moyens de m'éviter et de me fuir. Cruelle Fée, qui par ma laideur extrême as causé mes tourmens, et qui, par une beauté perfide, n'as fait qu'ajouter à mes maux, dis-moi donc quel sera le terme de mes douleurs, et si je dois espérer un jour d'être plus heureux.

DELPHINA sortant du pavillon.

Oui.

RIQUET.

C'est Delphina.

SCÈNE V.

RIQUET, DELPHINA.

DELPHINA.

Tu te plains toujours, Prince, et cependant je n'ai rien fait que tu n'ayes desiré.

RIQUET.

Pourquoi m'empêchez-vous de me faire connaître à Azeline pour celui qu'elle adore?

DELPHINA.

Chaque homme n'a-t-il pas sa destinée, la tienne est de ne rien obtenir que par ton esprit; il faut t'y conformer.

RIQUET.

Mais cet esprit, me rendra-t-il l'époux d'Azeline?

DELPHINA.

Je l'ignore.

RIQUET.

Et moi aussi.

DELPHINA.

Sais tu où est maintenant Azeline ?

RIQUET.

Seule, rêveuse.

DELPHINA.

Non, elle a dans ce moment une scène très-vive avec sa mère.

RIQUET.

Sur quel sujet ?

DELPHINA.

Sur toi.

RIQUET.

Que dit la Reine ?

DELPINA.

Elle reproche à sa fille, de n'avoir encore pour toi qu'une simple amitié.

RIQUET.

Il est certain que mon esprit n'a pas encore pu la conduire à l'amour. Que répond Azeline ?

DELPHINA.

Qu'elle fait pour t'aimer, des efforts que son cœur contrarie.

RIQUET.

Me voilà bien avancé.

DELPHINA.

La Reine gronde ; elle s'emporte, elle menace sa fille ; elle veut la chasser

RIQUET.

Pauvre Azeline ! Ah ! modérez le courrroux de la Reine !

DELPHINA.

J'y consens. (*Elle agite sa baguette.*) La Reine est revenue à des sentimens plus doux, elle fait de tendres reproches à sa fille, elle veut la déterminer à t'épouser dès ce soir. Azeline lève les yeux sur sa mère, elle va parler ; mais ses sanglots l'empêchent de proférer une seule parole, que de larmes elle verse !

RIQUET.

Ah ! recueillez ces larmes précieuses ?

DELPHINA.

Tu le veux. (*Elle fait un geste.*) *Une rose paraît : Elle la prend et* [illegible] : L[illegible] voilà ces larmes, dans le calice d'une rose [illegible]zeline portait sur son sein.

RIQUET *portant la rose sur ses lèvres.*

Dieux ! cette faveur du moins me console.

DELPHINA.

Azeline au désespoir, s'éloigne de sa mère ; elle vient de ce côté.

RIQUET.

Pour me voir ?

DELPHINA.

Non, pour fuir.

RIQUET.

Ciel !

DELPHINA.

Elle gagne un de tes gens.

RIQUET *furieux.*

Lequel ?

DELPHINA.

Tu ne le sauras point. Cet homme lui indique la fenêtre de ce pavillon, comme la sortie la plus secrette.

RIQUET.

Le monstre !

DELPHINA.

Elle le paie et dirige ses pas vers ce lieu.

RIQUET.

Que faire ! Delphina, empêchez-la de fuir.

DELPHINA.

Ce pouvoir t'appartient : place toi sur ces marches ; il faudra qu'elle te foule à ses pieds, pour entrer dans ce pavillon, et sans doute....

(*Elle écrit avec sa baguette dans le fond du pavillon.*)

RIQUET.

Je l'entends. Que fais-tu ?

DELPHINA.

Lis.

RIQUET *lit.*

« Si Azeline fuit, je meurs sur ces degrés. »

(*Il se jette aux genoux de la Fée et la comble de caresses.*)

DELPHINA.

La voici, je m'éloigne ; tu vois que je desire ton bonheur.

SCENE VI.

AZELINE ET RIQUET.

AZELINE.

D'un côté, ma mère qui me prie de céder à ses vœux ; d'un autre, l'amitié la plus tendre qui me parle pour le

Prince, et mon cœur résiste à ces deux sentimens ! Je reverrai le beau Chevalier qui m'a sauvée, m'a dit la Fée Delphina. Il faut me résoudre à accomplir le dessein que j'ai formé ; il faut fuir, échapper aux instances de la Reine, aux larmes d'un ami, aux invitations de toute la Cour. Cherchons ce pavillon. Sans doute le voici. Malheureux Prince, je vais te désespérer ! Mais que vois-je ? (*elle lit.*) « *Si Azeline fuit, je meurs sur ces degrés.* » Le Prince ! C'est lui ! Il sait mon projet, non je ne fuirai pas. (*Elle le relève*)

RIQUET.

Azeline, du moins c'est une preuve que mes soins vous intéressent.

AZELINE.

Mon ami, ils devraient m'intéresser davantage, mais...

RIQUET.

Mais !... Je vous entends. Princesse, les quatre Chevaliers qui ont été pris les armes à la main et conduits dans ce château, sont par les lois de la Chevalerie, condamnés à la mort. Mais ces mêmes lois leur accordent la faculté de nommer un défenseur. C'est vous qu'ils ont eu l'honneur de choisir.

AZELINE.

Moi ?

RIQUET.

Refuserez vous des malheureux qui, prêts à périr, sollicitent votre pitié et votre secours.

AZELINE.

Au lieu de les secourir, je les perdrais : vous avez commencé, il est vrai, à éclairer mon esprit ; mais Prince, il ne l'est point assez pour que je puisse défendre publiquement, une cause désespérée qui exige une adresse que je n'aurai jamais.

RIQUET.

Azeline, vous savez le don que j'ai reçu en naissant, vous savez que je puis rendre aussi spirituelle qu'il est possible de l'être, celle qui voudra bien consentir à m'épouser.

AZELINE.

Eh bien ?

RIQUET.

Peut-être vous donnerai-je tout l'esprit nécessaire pour sauver ces quatre infortunés. Azeline, il ne faut pour cela, qu'une promesse positive de me donner votre main, aussitôt que vous aurez gagné leur cause.

AZELINE.

Quoi, vous êtes sûr de m'indiquer les moyens d'arracher ces victimes à une mort certaine?

RIQUET.

Sûr, je n'ose l'affirmer. Ils sont bien évidemment coupables; mais serait-ce le premier prodige que l'amour eut fait faire? Azeline, vous les sauverez! Promettez-moi votre main.

AZELINE.

Prince, je n'hésite plus. Vos premières leçons m'ont fait deviner les plaisirs de l'humanité, et je veux les goûter! Oui, ce sentiment généreux est au-dessus de l'amour même, et ma main est à vous, si je délivre ces quatre infortunés.

RIQUET.

Azeline, vous me comblez de joie! Venez vous concerter avec moi sur cette cause. Ah! Quelque difficile que soit cette défense, je vous aime trop pour croire que je ne réussirai pas. (*Ils sortent.*)

SCÈNE VII.

DELPHINA seule.

Ils sont partis! Puisse le Prince réussir dans ce projet! Je voudrais envain, dans cette circonstance, lui être de quelqu'utilité. Le pouvoir de sauver ces Chevaliers, par une adroite défense, s'il l'obtient, ne lui sera donné que par une autre Fée. Il sera curieux de voir Azeline s'ériger en orateur, et remplir la tribune à la Cour de Chevalerie.

On entend un bruit d'allarme, et l'écho est frappé du nom d'Azeline. Felisma, les femmes accourent effrayées en la cherchant de tout côté.

SCÈNE VIII.

FELISMA, DELPHINA.

FELISMA.

Ah! Delphina, voyez dans quelle allarme je suis. Un des gens du Prince vient de m'apprendre la fuite de ma fille.

DELPHINA.

Rassurez-vous, Felisma : la Princesse n'a point fui ; elle est dans ces bosquets avec le Prince.

FELISMA.

Serait-il vrai ?

DELPHINA.

Le voici lui-même, interrogez-le ?

SCÈNE IX.

LES MÊMES, RIQUET.

FELISMA

PRINCE, vous étiez avec ma fille ?

RIQUET.

Oui Felisma, elle a entendu vos cris de douleur, elle s'est doutée du motif de vos craintes, elle m'envoie vous rassurer.

FELISMA.

Pourquoi ne vient-elle pas elle-même ?

RIQUET.

Son esprit, son cœur sont occupés....

FELISMA.

De vous.

RIQUET.

Je le voudrais, mais au moins puis-je maintenant nourrir un doux espoir.

FELISMA.

Vraiment ?

RIQUET.

Dans une heure, mon sort sera décidé. Il est une condition.

FELISMA.

Laquelle ?

RIQUET.

Vous allez le savoir. (*Au chef.*) Que l'on réunisse l'armée, qu'elle se rende ici sur-le-champ.

FELISMA.

Que voulez-vous faire ?

RIQUET.

Déterminer le sort des Chevaliers.

FELISMA.

Leur supplice est certain.

RIQUET.

Vous croyez ?

FELISMA.

Rien ne peut les sauver.

RIQUET.

Felisma !

FELISMA.

Qu'ils cherchent tous les détours imaginables : leur attente sera trompée, je vous l'assure.

RIQUET.

Ah ! Reine....

FELISMA.

Je connais l'intention de mes soldats, des vôtres, leur perte est jurée.

RIQUET.

Plus d'espoir ?

FELISMA.

Cet exemple est nécessaire à donner, et j'approuverai leur condamnation.

RIQUET.

Tout est perdu.

FELISMA.

Voici les Chevaliers qui s'avancent : Prince, occupons les places qui nous sont destinées. Je ne veux pas faire venir Azeline, sa présence ici ne peut être qu'inutile.

RIQUET à part.

Je le crains ! Azeline, je ne serai jamais ton époux.

DELPHINA.

Permettez, Reine, que j'assiste à ce jugement, la cause de ces Chevaliers m'intéresse, et je veux voir qu'elle sera l'issue de cette affaire.

FELISMA.

Delphina, prenez place auprès de moi.

SCÈNE X.

Les Chevaliers arrivent avec des armes noires. La marche est triste, et le cortège se place à droite et à gauche en demi-cercle, les soldats placent au milieu une espèce de tribune destinée au defenseur.

LES MÊMES, AZELINE.

FELISMA.

Que l'on amène les quatre Chevaliers.

(Ils s'avancent la tête et le col nuds, ils sont enchaînés et se placent devant la tribune.)

Avez-vous choisi votre défenseur ?

PALAMEDE.

Oui.

FELISMA.

Qu'on l'introduise.

(Azeline paraît sous un habit magnifiqué.)

TOUS.

Azeline !

AZELINE.

Azeline !...

CHOEUR.

En croirons nous nos yeux?
Elle défend ces malheureux.

AZELINE.

Oui, je défends ces malheureux.

CHOEUR.

Je tremble.

LES CHEVALIERS.

Et moi j'espère.

CHOEUR.

Qu'elle soit leur Dieu tutélaire!

AZELINE.

Que je sois leur Dieu tutélaire!

PALAMEDE.

Princesse, c'est de votre cœur que nous attendons notre salut. Douée de ce ton persuasif qui, dans les femmes, nous séduit et nous enchante toujours, pouvez-vous ne pas nous rendre intéressans, et devenir à-la-fois notre défenseur et notre libératrice.

FELISMA.

Qu'on lise les chefs d'accusation.

UN CHEF.

Les Chevaliers ici présens, sont convaincus : premièrement, d'avoir enlevé la Princesse Azeline ; secondement, d'avoir déployé pour la garder, toute la force militaire ; troisièmement, d'avoir voulu par surprise, et pendant une fête, donner lieu à un carnage épouvantable.

FELISMA.

Parlez ma fille.

AZELINE.

Chevaliers et soldats, à prendre cette cause
Je n'imagine pas que mon sexe s'oppose.
Craignez-vous ma harangue ? Eh ! les grands avocats
Font de très-long discours et ne finissent pas.
Aussi, je puis le dire, et sans blesser les dames,
Les premiers avocats dûrent être des femmes :
Or, si je parle trop, vous direz mes amis,
Les femmes sont vraiment des enfans de Thémis.

Mais venons au sujet de ma triste défense,
Il faut des Chevaliers démontrer l'innocence.
Quoi de moins difficile ? Il est reçu par-tout,
Qu'il n'est rien ici-bas dont ne viennent à bout
Les femmes, et sachez que je suis résolue
A leur faire accorder une grâce absolue.
Ces Chevaliers trompés par un portrait flatteur
Sont venus demander et ma main et mon cœur.
Ils croyaient mon esprit étonnant : j'étais sotte,
Je répondais à tout ainsi qu'une idiote.
Ils se sont courroucés, sont partis furieux,
Jurant de se venger en tout tems, en tous lieux.
Puis ils sont revenus au palais de ma mère
J'étais seule, ils m'ont dit : suivez nous. Sans mystère
Je les ai suivis, donc, on voit que ces Messieurs
Ne m'ont point enlevée; et je dirai, d'ailleurs,
Qu'ils m'ont dans leur château traitée avec décence,
Lorsque j'étais livrée à leur tendre puissance.
Parmi vous, Chevaliers, parlez ? Quels seraient ceux
Qui m'eussent, dans ce cas, traitée aussi bien qu'eux ?
Vous reprochez ensuite à leur grand caractère,
D'avoir pour me garder entrepris une guerre.
A vos yeux, Chevaliers, ou je ne suis plus rien,
Ou convenez du moins qu'alors ils faisaient bien.
N'est-il pas dans les lois de la Chevalerie
Qu'un preux doit toujours être armé pour son amie?
Ces Chevaliers m'aimaient : or, en me défendant,
Tous ont suivi la loi qui veut qu'on soit galant.
Et vous les puniriez ! Vous seriez trop barbares
Car les hommes galans aujourdhui sont si rares!
Enfin, vous reprochez à ces pauvres guerriers
De vous avoir surpris, quand fiers de vos lauriers.
Vous vous abandonniez aux plaisirs d'une fête.
Pourquoi la donniez-vous sur un lieu de conquête ?
Vous irritez encor ces guerriers fugitifs,
Vous rendiez leurs tourmens et leurs maux bien plus vifs.
Dans leurs châteaux ruinés, tous vos cris d'allégresse
Insultaient, ajoutaient encor à leur détresse.
Messieurs, à votre esprit, j'ai fait voir votre erreur ;
Maintenant, il faut donc attaquer votre cœur.
Pouvez-vous refuser une femme ? je pense
Que loin d'être cruels, dans cette circonstance,
Vous allez vous montrer galans et généreux.
Combler tous leurs desirs, vous soumettre à mes vœux.
L'amour et la pitié vont émouvoir vos ames,
Vous allez protéger le malheur et les femmes.

FELISMA.

Chevaliers, réunissez les suffrages?

CHOEUR.

Que d'esprit et que de talens !
Quelle chaleur ! quels sentimens!
Vit-on jamais un tel prodige,
On croirait que c'est un prestige ?
Maintenant qu'il serait affreux
De condamner ces malheureux !

FELISMA.

Tous les suffrages portent : *Pardon et liberté*. Chevaliers, vous êtes libres.

AZELINE.

Le prince est mon époux.

DELPHINA.

Et le Chevalier que vous aimez tant.

(*Riquet paraît en Chevalier, habillé magnifiquement.*)

AZELINE.

C'est lui-même.... Comment....

RIQUET.

Je vous ai donné de l'esprit, vous m'avez fait perdre ma laideur, n'oublions jamais ce beau jour.

CHOEUR.

FEMMES.

Nos droits sont sacrés en tout tems,

CHEVALIERS.

Comme l'amour qu'on porte aux roses.

TOUS.

Jamais chez les hommes galans,
Les femmes n'ont perdue leurs causes;
Honneur aux Chevaliers
Ces aimables guerriers
Conservent dans leurs ames,
Le respect pour les dames.

www.ingramcontent.com/pod-product-compliance
Lightning Source LLC
LaVergne TN
LVHW010006230826
846092LV00002B/667

* 9 7 8 2 3 2 9 3 8 3 2 3 1 *